Mrs B Karthika BE,ME,(Ph.D)

COMPUTAÇÃO NA NUVEM

Mrs B Karthika BE,ME,(Ph.D)

COMPUTAÇÃO NA NUVEM

Capítulo de Livro sobre o Conceito de Computação em Nuvem

ScienciaScripts

Imprint
Any brand names and product names mentioned in this book are subject to trademark, brand or patent protection and are trademarks or registered trademarks of their respective holders. The use of brand names, product names, common names, trade names, product descriptions etc. even without a particular marking in this work is in no way to be construed to mean that such names may be regarded as unrestricted in respect of trademark and brand protection legislation and could thus be used by anyone.

Cover image: www.ingimage.com

This book is a translation from the original published under ISBN 978-620-4-18423-4.

Publisher:
Sciencia Scripts
is a trademark of
Dodo Books Indian Ocean Ltd., member of the OmniScriptum S.R.L Publishing group
str. A.Russo 15, of. 61, Chisinau-2068, Republic of Moldova Europe
Printed at: see last page
ISBN: 978-620-4-04663-1

COMPUTAÇÃO NA NUVEM

LIVRO Capítulo sobre o conceito de computação em nuvem.

B.Karthika B.E, M.E, Ph.D.,
Professora Assistente
Departamento de Tecnologia da InformaçãoPSNA
Faculdade de Engenharia e TecnologiaDindigul
District-624622.
Tamil Nadu, Índia.

UNIDADE 1

INTRODUÇÃO

- Computação centralizada: Este é um paradigma de computação onde todos os recursos computacionais estão centralizados em um sistema físico. Todos os recursos (processadores, memória e armazenamento) são totalmente partilhados e estão estreitamente associados a um sistema operacional integrado. Muitos centros de dados e supercomputadores são sistemas centralizados, mas também são utilizados para aplicações paralelas, distribuídas e de computação em nuvem.

- Computação paralela: Na computação paralela, todos os processadores ou estão firmemente acoplados a uma memória compartilhada centralizada ou frouxamente acoplados a uma memória distribuída. Alguns autores referem-se a esta disciplina como processamento paralelo. A comunicação entre processadores ocorre através de memória compartilhada ou passagem de mensagens. Um sistema de computador capaz de processar em paralelo é normalmente referido como um computador paralelo. Os programas que rodam em um computador paralelo são chamados programas paralelos. O processo de escrita de programas paralelos é frequentemente referido como programação paralela.

- Computação **distribuída**: Um campo da informática/engenharia que lida com sistemas distribuídos. Um sistema distribuído consiste em vários computadores autónomos, cada um com a sua própria memória e comunicando entre si através de uma rede informática. A troca de informações em um sistema distribuído se dá através da transmissão de mensagens. Um programa de computador em execução num sistema distribuído é chamado de programa distribuído. O processo de elaboração de programas distribuídos é chamado de programação distribuída.

- **Computação em nuvem**: Uma nuvem de recursos da Internet pode ser um sistema de computação centralizado ou distribuído. A nuvem aplica computação paralela ou distribuída ou ambas. As nuvens podem ser construídas com recursos físicos ou virtualizados sobre grandes centros de dados que são centralizados ou distribuídos. Alguns autores consideram a computação em nuvem como uma forma de computação utilitária ou computação de serviços.

- **A computação ubíqua refere-se à** computação com dispositivos ubíquos em qualquer lugar e em qualquer momento através de comunicação com ou sem fios.

- **A Internet das Coisas (IoT)** é uma conexão em rede de objetos do cotidiano, tais como computadores, sensores, pessoas, etc. O IoT é suportado por nuvens de internet para alcançar computação ubíqua com qualquer objeto, em qualquer lugar, a qualquer hora.

- **A computação de alto desempenho (HPC)** concentra-se no desempenho em velocidade pura. A velocidade dos sistemas HPC aumentou de gflops no início dos anos 90 para Pflops em 2010. Esta melhoria tem sido impulsionada principalmente pelas exigências da ciência, engenharia e fabricação.

- Nos sistemas de **computação de alto rendimento (HTC), é** dada mais atenção à computação de alto fluxo. A principal aplicação para computação de alto fluxo é a pesquisa na Internet e serviços web utilizados por milhões ou mais usuários simultaneamente. O objetivo de desempenho está, portanto, mudando para medir o alto rendimento ou o número de tarefas completadas por unidade de tempo. A tecnologia HTC deve não só melhorar a velocidade de processamento em lote, mas também abordar as questões agudas dos custos, poupança de energia, segurança e fiabilidade em muitos dados e centros de dados empresariais.

Grau de paralelismo:

O **paralelismo a nível de bits (BLP)** converte gradualmente o processamento em série de bits em processamento a nível de palavras. Ao longo dos anos, os usuários passaram de microprocessadores de 4 bits para CPUs de 8, 16, 32 e 64 bits.

Paralelismo em nível de instrução (ILP), onde o processador executa várias instruções simultaneamente em vez de uma instrução de cada vez.

A **paralelização a nível de dados (DLP)** foi popularizada pelo SIMD (instrução única, dados múltiplos) e computadores vetoriais com instruções vetoriais ou array. O DLP requer ainda mais suporte de hardware e ajuda do compilador para funcionar corretamente.

Desde a introdução dos processadores multinúcleo e dos multiprocessadores de chips (CMPs), temos vindo a **trabalhar na paralelização a nível de tarefas (TLP).**

TECNOLOGIAS PARA SISTEMAS BASEADOS EM REDE

CPUs Multicore e tecnologias multithreading : As CPUs modernas ou chips microprocessadores têm hoje uma arquitetura multicore com dois, quatro, seis ou mais núcleos de computação. Estes processadores usam paralelismo nos níveis ILP e TLP. Tanto a CPU multinúcleo como os processadores de GPU multinúcleo hoje em dia podem lidar com vários segmentos de instrução em diferentes escalas. Múltiplos núcleos residem no mesmo chip com um cache L2 compartilhado por todos os núcleos. No futuro, vários CMPs poderiam ser localizados no mesmo chip de CPU, com até mesmo o cache L3 localizado no chip. As CPUs multicore e multithreaded possuem muitos processadores high-end, incluindo processadores Intel i7, Xeon, AMD Opteron, Sun Niagara, IBM Power 6 e X-Cell. Cada núcleo também pode ser multifacetado.

Memória, armazenamento e rede de área ampla: A capacidade dos chips de memória quadruplicou a cada três anos. Para discos rígidos, a capacidade aumentou de 260 MB em 1981 para 250 GB em 2004. Os discos rígidos ou matrizes de discos rígidos têm uma capacidade superior a 3 TB. O rápido crescimento da memória flash e das unidades de estado sólido (SSDs) também afecta o futuro dos sistemas HPC e HTC.

Ligações da área do sistema: Os nós em pequenos clusters são normalmente conectados através de um switch Ethernet ou de uma rede local (LAN).

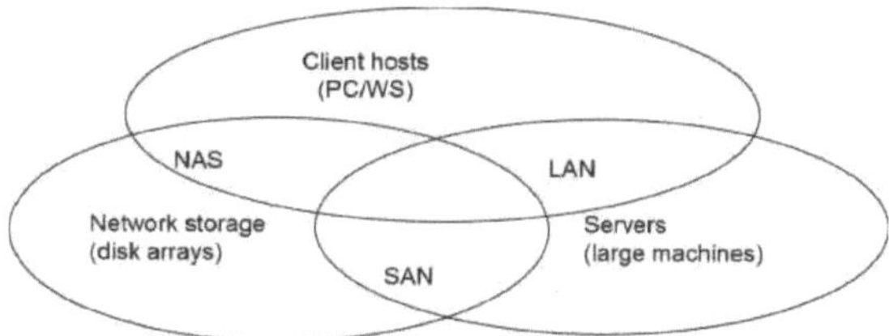

Como mostra a figura, uma LAN é normalmente usada para conectar hosts clientes a grandes servidores, enquanto uma rede de área de armazenamento (SAN) conecta servidores a armazenamento em rede, como matrizes de disco. O Network Attached Storage (NAS) liga os anfitriões dos clientes directamente às matrizes de disco. Todos os três tipos de rede ocorrem frequentemente em um grande cluster construído com componentes de rede comercial.

Redes de banda larga: As redes de banda larga aumentam a capacidade de construir sistemas massivamente distribuídos. O rápido crescimento da largura de banda Ethernet de 10 Mbps em 1979 para 1 Gbps em 1999 e 40 ~ 100 GE em 2011. Especula-se que 1 Tbps de conexão de rede estará disponível até 2013.

Máquinas virtuais e middleware de virtualização

Máquinas virtuais (VMs) oferecem novas soluções para recursos subutilizados, aplicativos inflexíveis, gerenciamento de software e problemas de segurança com as máquinas físicas existentes. Para construir grandes clusters, grelhas e nuvens hoje em dia, precisamos de aceder a grandes quantidades de recursos informáticos, de armazenamento e de rede de uma forma virtualizada. Precisamos de agregar estes recursos e, esperamos, fornecer uma única imagem do sistema. Em particular, uma nuvem de recursos provisionados deve contar com a virtualização dinâmica dos processadores, armazenamento e instalações de E/S.

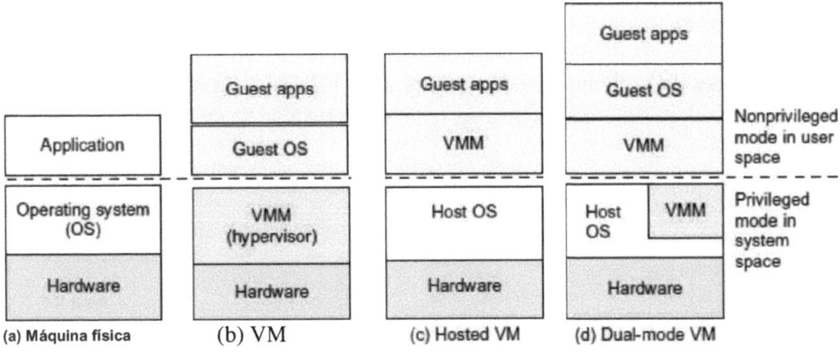

Três arquiteturas VM em (b), (c) e (d), em comparação com a máquina física convencional mostrada em (a).

O computador anfitrião está equipado com o hardware físico. O VM está equipado com recursos virtuais gerenciados por um sistema operacional convidado para executar uma aplicação específica. Uma camada de middleware chamada Virtual Machine Monitor (VMM) deve ser implantada entre as VMs e a plataforma host.

A ilustração mostra um VM nativo que é utilizado com a ajuda de um VMM, um chamado hipervisor, em
modo. O sistema operacional convidado poderia ser um sistema Linux e o hipervisor é o

sistema XEN desenvolvido na Universidade de Cambridge. Esta abordagem hypervisor também é chamada de VM de metal nulo porque o hypervisor gerencia diretamente o hardware puro (CPU, memória e I/O). A arquitetura é o VM hospedeiro mostrado na figura (c). Aqui o VMM funciona em modo não-privilegiado. O sistema operacional host não precisa ser alterado. A VM também pode ser implementada em modo duplo, como mostrado na Figura 1.12(d). Parte do VMM funciona no nível do usuário e outra parte funciona no nível do supervisor. Neste caso, o sistema operacional do host pode precisar ser modificado até certo ponto. Múltiplas VMs podem ser portadas para um sistema de hardware específico para suportar o processo de virtualização. A abordagem VM proporciona independência de hardware do sistema operacional e das aplicações.

VM operações primitivas: O VMM fornece a abstração do VM para o sistema operacional convidado. Com a virtualização total, o VMM exporta uma abstração VM que é idêntica à máquina física, para que um sistema operacional padrão como o Windows 2000 ou Linux possa rodar da mesma forma que roda no hardware físico

As operações de VMM de baixo nível são

- as VMs podem ser multiplexadas entre máquinas de hardware,
- Uma VM pode ser suspensa e armazenada em armazenamento estável
- Uma VM em pausa pode ser retomada ou implantada em uma nova plataforma de hardware
- uma VM pode ser migrada de uma plataforma de hardware para outra

Essas operações de VM permitem que uma VM seja implantada em qualquer plataforma de hardware disponível. Eles também permitem flexibilidade na portabilidade das execuções de aplicações distribuídas. Além disso, a abordagem VM irá melhorar significativamente o uso dos recursos do servidor.

MODELOS DE SISTEMAS PARAE COMPUTAÇÃO EM NUVEM DISTRIBUIÇÃO

Os sistemas de computação distribuídos e em nuvem consistem em um grande número de nós autônomos de computador. Estes computadores de nó são interligados hierarquicamente através de SANs, LANs ou WANs. Os sistemas massivos são considerados altamente escaláveis e podem alcançar conectividade à escala web, tanto física como lógica. Os sistemas maciços são categorizados em quatro grupos: Clusters, redes P2P, Grades de Computação e Nuvens de Internet sobre grandes centros de dados. Em termos do número de nós, estas quatro classes de sistemas podem incluir centenas, milhares ou mesmo milhões de computadores como nós participantes. Estes computadores operam colectivamente, de forma cooperativa ou em colaboração a diferentes níveis.

Um cluster de computadores consiste
em um grupo de computadores que

1. Clusters de computadores cooperativos

que estão interligados, computadores autônomos, um único recurso de computação integrada.

Arquitetura de Cluster

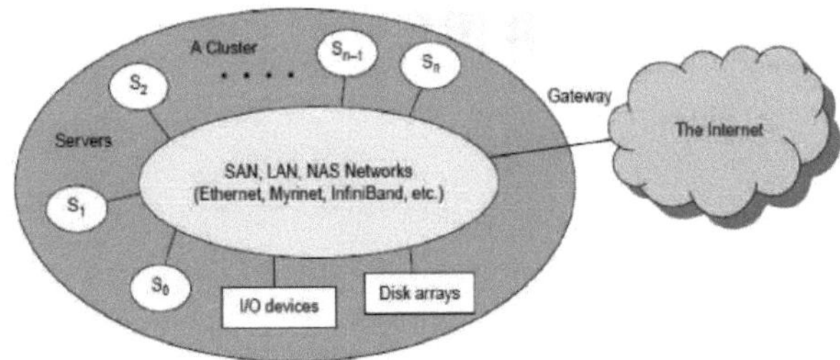

Um cluster de servidores conectados através de uma rede de alta velocidade

A figura mostra a arquitetura de um cluster de servidores típico, construído em torno de uma rede de interconexão de baixa latência e alta largura de banda. A estrutura hierárquica através de uma SAN, LAN ou WAN permite construir clusters escaláveis com um número crescente de nós. O cluster está ligado à Internet através de um gateway VPN (Virtual Private Network). O endereço IP do gateway determina a localização do cluster. A imagem de sistema de um computador é determinada pela forma como o sistema operacional gerencia os recursos de cluster compartilhados

Imagem do sistema único: Um cluster ideal deve combinar várias imagens do sistema em uma única imagem do sistema (SSI). Os desenvolvedores de clusters querem um sistema operacional de cluster ou middleware que suporte SSI em vários níveis, incluindo compartilhamento de CPUs, memória e E/S entre nós de cluster. Um SSI é uma ilusão criada por software ou hardware que representa uma coleção de recursos como um recurso integrado e poderoso. SSI faz o cluster aparecer para o usuário como uma única máquina.

Suporte a hardware, software e middleware: Clusters que exploram o paralelismo massivo são comumente chamados de MPPs. Suporte especial para middleware de cluster é necessário para alcançar SSI ou alta disponibilidade (HA). Tanto aplicações sequenciais como paralelas podem ser executadas em ambientes de cluster e são necessárias aplicações paralelas dedicadas para facilitar o uso de recursos de cluster.

2. **infra-estruturas de computação em grid: a** computação em grid fornece uma infra-estrutura que conecta computadores, software/middleware, instrumentos especiais, pessoas e sensores. A rede é muitas vezes construída sobre redes LAN, WAN ou de backbone Internet em escala regional, nacional ou global. As empresas ou organizações apresentam grelhas como recursos informáticos integrados. Eles também podem ser considerados como plataformas virtuais de apoio a organizações virtuais. Os computadores usados em uma grade são principalmente estações de trabalho, servidores, clusters e supercomputadores. Computadores pessoais, laptops e PDAs podem ser usados como dispositivos de acesso a um sistema de grid.

3. Famílias da rede peer-to-peer

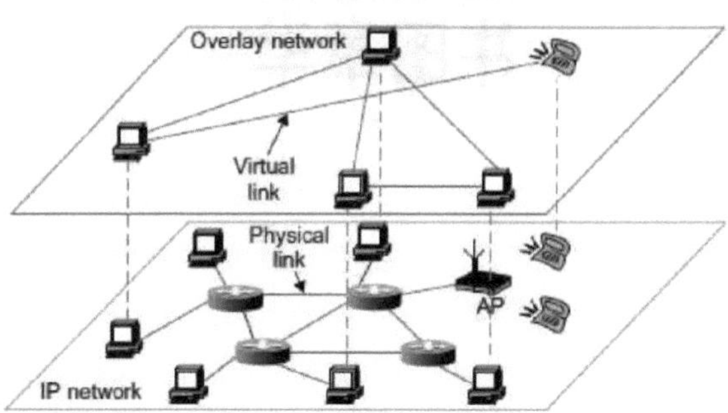

A estrutura de um sistema P2P, mapeando uma rede IP física para uma rede sobreposta

Em um sistema P2P, cada nó atua como cliente e como servidor, fornecendo alguns dos recursos do sistema. Os computadores dos pares são simplesmente computadores clientes conectados à internet. Todos os computadores clientes agem autonomamente e podem aderir ou abandonar livremente o sistema. Isto significa que não existe uma relação mestre-escravo entre os pares. Não há necessidade de uma coordenação central ou de uma base de dados central. Em outras palavras, nenhum computador de pares tem uma visão global de todo o sistema P2P. O sistema é auto-organizável com controle distribuído. Ao contrário dos clusters ou redes, uma rede P2P não utiliza uma rede de interconexão dedicada. A rede física é simplesmente uma rede ad hoc formada aleatoriamente em diferentes domínios da Internet, utilizando os protocolos TCP/IP e NAI.

Os itens de dados ou arquivos são distribuídos aos pares participantes. Com base nas solicitações de comunicação ou compartilhamento de arquivos, as IDs dos pares formam uma rede de nível lógico sobreposta. Esta sobreposição é uma rede virtual formada pela associação lógica de cada máquina física à sua identificação através de uma associação virtual.

O desempenho do P2P é influenciado pela eficiência do encaminhamento e pela auto-organização dos pares participantes. A tolerância a falhas, o gerenciamento de falhas e o balanceamento de carga são outros aspectos importantes quando se utiliza redes sobrepostas. A falta de confiança entre os pares é outro problema. Os pares são estranhos uns aos outros. A segurança, privacidade e violação de direitos autorais são um grande problema.

4. **computação em nuvem através da Internet:** Uma nuvem é um conjunto de recursos informáticos virtualizados. Uma nuvem pode hospedar uma variedade de cargas de trabalho diferentes, incluindo trabalhos back-end em lote e aplicativos interativos e voltados para o usuário.

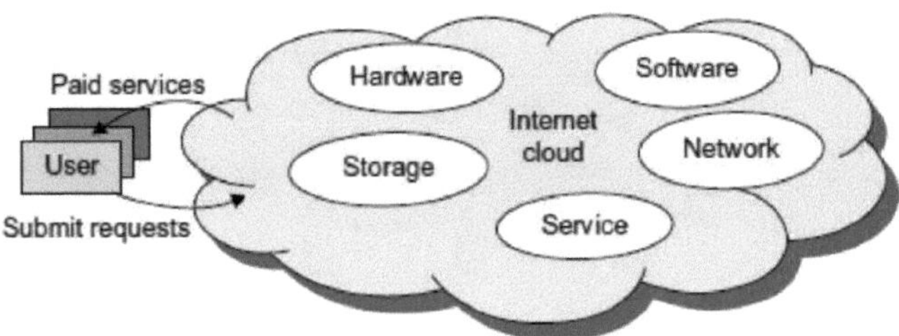

Recursos virtualizados dos centros de dados para formar uma nuvem na Internet

A computação em nuvem utiliza uma plataforma virtualizada com recursos elásticos sob demanda através do fornecimento dinâmico de hardware, software e conjuntos de dados (ver Figura 1.18). A idéia é mover a computação desktop para uma plataforma orientada a serviços utilizando clusters de servidores e grandes bases de dados em centros de dados.

TRÊS MODELOS PARA SERVIÇOS EM NUVEM

- **Infra-estrutura como Serviço (IaaS)** Neste modelo, são montadas as infra-estruturas requeridas pelos utilizadores, ou seja, servidores, armazenamento, redes e a estrutura do centro de dados. O usuário pode provisionar e executar várias VMs com sistemas operacionais convidados para aplicações específicas. O usuário não gerencia ou controla a infraestrutura da nuvem subjacente, mas pode determinar quando solicitar e liberar os recursos necessários.
- **Plataforma como Serviço (PaaS)** Este modelo permite que os usuários implantem aplicativos que criaram em uma plataforma de nuvem virtualizada. PaaS inclui middleware, bancos de dados, ferramentas de desenvolvimento e algum suporte em tempo de execução, como Web 2.0 e Java. A plataforma inclui tanto hardware como software integrados com interfaces de programação específicas. O site O fornecedor fornece a API e as ferramentas de software (por exemplo, Java, Python, Web 2.0, .NET). O usuário está isento da gestão da infraestrutura da nuvem.
- **Software as a Service (SaaS)** Refere-se ao software de aplicação iniciado pelo navegador em milhares de clientes pagantes da nuvem. O modelo SaaS aplica-se a processos de negócio, aplicações de linha de negócio, gestão de relações com clientes (CRM), planeamento de recursos empresariais (ERP), recursos humanos (RH) e aplicações colaborativas. No lado do cliente, não há investimento inicial em servidores ou licenças de software. No lado do provedor, os custos são bastante baixos em comparação com o tradicional alojamento de aplicações de utilizador.

AMBIENTES DE SOFTWARE PARA SISTEMAS DISTRIBUÍDOS E NUVENS

Arquitetura orientada a serviços (SOA)

- Um paradigma para organizar e utilizar capacidades distribuídas que estão sob o controle de diferentes áreas de propriedade e que podem ser implementadas com diferentes pacotes tecnológicos
- Um conjunto de componentes que podem ser invocados e cujas descrições de interface podem ser publicadas e descobertas (W3C).
- SOA é um estilo de arquitetura cujo objetivo é conseguir um acoplamento solto entre os agentes de software que interagem.
- Um serviço é uma unidade de trabalho realizada por um prestador de serviços para

alcançar um resultado final desejado por um cliente de serviços.

- Tanto os fornecedores como os consumidores são papéis desempenhados por agentes de software em nome dos seus proprietários.

Sistemas operacionais distribuídos

Os computadores na maioria dos sistemas distribuídos estão frouxamente acoplados. Portanto, um sistema distribuído tem inerentemente múltiplas imagens do sistema. Isto é principalmente porque todos os computadores de nó executam um sistema operacional independente. Para promover a partilha de recursos e a comunicação rápida entre computadores de nó, é melhor ter um sistema operacional distribuído que gere todos os recursos de forma coerente e eficiente. Tal sistema é muito provavelmente um sistema fechado que depende do envio de mensagens e RPCs para a comunicação entre nós.

MOSIX2 para clusters Linux

Funciona com uma camada de virtualização no ambiente Linux Esta camada fornece uma imagem parcial de sistema único para aplicações do usuário Isto se deve principalmente ao fato de que todas as máquinas de nós rodam com um sistema operacional independente Suporta aplicações seqüenciais e paralelas e descobre recursos e migra processos de software entre nós Linux Pode gerenciar um cluster Linux ou uma grade com vários clusters

MODELOS DE PROGRAMAÇÃO PARALELA E DISTRIBUÍDA

Message-Passing Interface (MPI) Este é o principal padrão de programação para o desenvolvimento de programas paralelos e simultâneos para executar em um sistema distribuído MPI é essencialmente uma biblioteca de sub-rotinas que pode ser chamada de C ou FORTRAN para escrever programas paralelos para executar em um sistema distribuído A idéia é conectar clusters, sistemas de grid e sistemas P2P com serviços web melhorados e aplicações de computação utilitária

MapReduce Este é um modelo de programação web desenvolvido pelo Google para processamento de dados escaláveis em grandes clusters sobre grandes conjuntos de dados O modelo é usado principalmente em aplicações de busca na web e computação em nuvem. O nó principal especifica uma função MapReduce para dividir a entrada em sub-problemas Aplica uma função Reduce para fundir todos os valores intermediários com a mesma chave intermediária Altamente escalável para explorar um alto grau de paralelismo em diferentes níveis de trabalho Um típico processo de computação MapReduce pode processar terabytes de dados em dezenas de milhares ou mais de máquinas clientes Milhares de trabalhos MapReduce são executados diariamente nos clusters do Google
A **biblioteca Hadoop** é uma plataforma de software originalmente desenvolvida por um grupo do Yahoo! O pacote permite que os usuários escrevam e executem aplicações para grandes quantidades de dados distribuídos. Os usuários podem facilmente escalar o Hadoop para armazenar e processar petabytes de dados no espaço web.

Econômico: vem com uma versão de código aberto do MapReduce que minimiza a sobrecarga das tarefas de desova e comunicação massiva de dados **Eficiente:** processa dados com alto grau de paralelismo através de um grande número de nós padrão
Confiável: Mantém automaticamente múltiplas cópias de dados para facilitar a redistribuição de tarefas de computação no caso de falhas inesperadas do sistema

lei de Amdahl

Assumir que um único processador executa um programa específico no tempo T minutos

Agora o mesmo programa é dividido para execução paralela em um cluster com muitos nós

Assumimos que parte *a* do código deve ser executada sequencialmente.

Portanto, (1 - a) do código pode ser compilado para execução paralela por n processadores

O tempo total de execução do programa é calculado da seguinte forma:

a T + (1 - a)T/n onde o primeiro termo é o tempo de execução sequencial em um único processador e o segundo termo é o tempo de execução paralela em n nós de processamento

Lei de Amdahl: Factor de Aceleração

O fator de aceleração ao usar um sistema com n processadores versus usar um único processador é expresso por:

Aceleração = S = T/[a T + (1 - a)T/n]

= 1/[a + (1 - a)/n]

A velocidade máxima de n só é alcançada se o código for completamente paralelizável com $a = 0$.

Quando o cluster se torna suficientemente grande, ou seja, n -> ꝏ, S aproxima-se de 1/ a, um limite superior para a aceleração S

O gargalo sequencial é a parte do código que não pode ser paralela.
Se a = 0:25 -> 1 - a = 0:75, Max. Aceleração = 4

Lei de Gustafson

Escala do tamanho do problema de acordo com a capacidade do cluster (aceleração da carga de trabalho em escala)

Deixe W ser a carga de trabalho em um determinado programa. Ao utilizar um sistema com n processadores, o usuário dimensiona a carga de trabalho para

$$W' = a W + (1 - a) n W$$

O tempo de execução paralela de uma carga de trabalho em escala W' em n processadores é definido pela aceleração da carga de trabalho em escala

$$S' = W'/W = [a W + (1 - a) n W]/W$$

$$= a + (1 - \mathbf{a})n$$

A eficiência é, portanto

$$E' = S' / n = a /n + (1 - a)$$

Para a = 0,25 e n = 256, E = 75%.

Disponibilidade

Um sistema está altamente disponível se tiver um longo tempo médio até à falha (MTTF) e um curto tempo médio até à reparação (MTTR).

Disponibilidade do sistema = MTTF = (MTTF + MTTR)

Uma falha pode ocorrer no hardware, no software ou em um componente de rede. Qualquer falha que traga a operação de todo o sistema é chamada de "ponto único de falha". Um sistema de computador confiável deve ser projetado de forma que não contenha um único ponto de falha.

Em geral, a disponibilidade de um sistema distribuído diminui com o aumento do tamanho, à medida que a probabilidade de erros aumenta e é difícil isolar os erros

EFICIÊNCIA ENERGÉTICA NA COMPUTAÇÃO DISTRIBUÍDA

Os objetivos primários de desempenho dos sistemas de computação paralelos e distribuídos convencionais são alto desempenho e alto rendimento, com alguma forma de confiabilidade de desempenho (por exemplo, tolerância a falhas e segurança). Contudo, estes sistemas têm sido recentemente confrontados com novos desafios, incluindo a eficiência energética, a descarga de carga de trabalho e a utilização de recursos

Consumo de energia dos servidores não utilizados: Para gerir uma exploração de servidores (data center), uma empresa tem de gastar uma grande quantidade de dinheiro todos os anos em hardware, software, suporte operacional e energia. Portanto, as empresas devem determinar minuciosamente se a sua fazenda servidor instalada (mais precisamente, o volume de recursos fornecidos) está em um nível apropriado, especialmente em termos de utilização.

Economia de energia em servidores ativos: Além de identificar servidores não utilizados/ subutilizados para poupar energia, também devem ser aplicadas técnicas apropriadas para reduzir o consumo de energia em sistemas distribuídos activos com um impacto negligenciável no seu desempenho.

Camada de aplicação: Até agora, a maioria das aplicações do usuário em ciência, negócios, engenharia e finanças tinham como objetivo aumentar a velocidade ou a qualidade de um sistema. Com a introdução de aplicações sensíveis à energia, o desafio é desenvolver aplicações sofisticadas de gestão de energia em várias camadas e em vários domínios, sem comprometer o desempenho.

Camada middleware: A camada middleware funciona como uma ponte entre a camada de aplicação e a camada de recurso. Esta camada fornece funções como corretor de recursos, serviço de comunicação, analisador de tarefas, agendador de tarefas, acesso de segurança, controle de confiabilidade e serviço de informação. É também responsável pela aplicação de técnicas de eficiência energética, especialmente na programação de tarefas.

Camada de recursos: A camada de recursos consiste em uma ampla gama de recursos, incluindo nós de computação e unidades de armazenamento. Esta camada geralmente interage com os dispositivos de hardware e o sistema operacional e, portanto, é responsável pelo controle de todos os recursos distribuídos em sistemas de computadores distribuídos. O Gerenciamento Dinâmico de Energia (DPM) e o Dimensionamento Dinâmico de Voltagem e Freqüência (DVFS) são dois métodos populares incorporados aos sistemas de hardware de computador atuais. O DPM permite que dispositivos de hardware, como a CPU, passem do modo de repouso para um ou mais modos de economia de energia. Sob DVFS, a economia de energia é alcançada devido ao fato de que o consumo de energia nos circuitos CMOS está diretamente relacionado à freqüência e ao quadrado da tensão de alimentação.

Camada de rede: Encaminhar e transmitir pacotes e fornecer serviços de rede à camada de recursos são as principais tarefas da camada de rede em sistemas informáticos distribuídos. O principal desafio na construção de redes com eficiência energética é determinar como o consumo e o desempenho energético podem ser medidos, previstos e equilibrados.

Um **cluster de computadores** é um conjunto de computadores individuais interligados que podem trabalhar em conjunto e de forma cooperativa como um único pool de recursos informáticos integrados. O Clustering explora o paralelismo maciço a nível do trabalho e atinge alta disponibilidade (HA) através de operações autônomas.
As vantagens de clusters de computadores e processadores maciçamente paralelos (MPPs) incluem desempenho escalável, alta disponibilidade, tolerância a falhas, crescimento modular e o uso de componentes padrão.

Objectivos do design de clusters de computadores

Os aglomerados são classificados de acordo com seis atributos ortogonais: escalabilidade, embalagem, controlo, homogeneidade, programabilidade e segurança.

1. Escalabilidade: **A** escalabilidade pode ser limitada por uma série de fatores, tais

como a tecnologia de chips com vários núcleos, topologia de cluster, método de embalagem, consumo de energia e o sistema de resfriamento aplicado. O objetivo é alcançar um desempenho escalável que é limitado pelos fatores acima.

2. **Embalagem: Os** nós de cluster podem ser embalados **de forma compacta** ou **frouxa.**

Em um aglomerado compacto, os nós são firmemente embalados em um ou mais racks, que são colocados em um

e os nós não estão ligados a dispositivos periféricos (monitores, teclados, ratos, etc.).

Em um cluster frouxo, os nós são conectados aos seus periféricos habituais e podem ser

em salas diferentes, edifícios diferentes ou mesmo em regiões remotas. Embalagem directa

afeta o comprimento dos cabos de comunicação e, portanto, a escolha da tecnologia de conexão

é usado. Enquanto um cluster compacto pode usar comunicação de alta largura de banda e baixa latência

rede, que muitas vezes é proprietária, os nós de um cluster Slack são normalmente conectados através

LANs padrão ou WANs

3. **Controle:** Um cluster pode ser controlado ou administrado de forma centralizada ou descentralizada. Um cluster compacto é normalmente controlado centralmente, enquanto um cluster frouxo pode ser controlado de ambas as maneiras. Em um cluster centralizado, todos os nós são controlados, gerenciados e administrados por um operador central. Em um cluster descentralizado, os nós têm proprietários individuais. A falta de um único ponto de controlo torna a gestão do sistema de um tal agrupamento muito difícil. Além disso, são necessárias técnicas especiais para o agendamento de processos, migração de cargas de trabalho, checkpointing, contabilidade e outras tarefas similares.

4. **Homogeneidade:** Um cluster homogêneo utiliza nós da mesma plataforma, ou seja, a mesma arquitetura de processador e sistema operacional; muitas vezes os nós são provenientes dos mesmos fabricantes. Em um cluster heterogêneo, são utilizados nós de diferentes plataformas. A interoperabilidade é uma questão importante em clusters heterogêneos. Por exemplo, a migração de processos é muitas vezes necessária para o balanceamento de carga ou disponibilidade. Em um cluster homogêneo, uma imagem do processo binário pode migrar para outro nó e continuar a ser executada lá. Em um cluster heterogêneo, isto não é possível porque o código binário não é executável quando o processo migra para um nó

em uma plataforma diferente.

5. **Segurança: A** comunicação dentro de um cluster pode ser aberta ou fechada. Em um cluster aberto, os caminhos de comunicação entre os nós estão abertos para o exterior. Um computador externo pode acessar os caminhos de comunicação e, portanto, os nós individuais através de protocolos padrão (por exemplo, TCP/IP). Tais grupos abertos são fáceis de implementar, mas têm várias desvantagens:

- A comunicação dentro de um cluster não é segura, a menos que a comunicação seja

O subsistema realiza um trabalho adicional para garantir a protecção e segurança dos dados.

- A comunicação para o exterior pode perturbar a comunicação dentro do cluster de forma imprevisível.

Moda.

- Os protocolos de comunicação padrão geralmente têm uma alta sobrecarga. Uma desvantagem é que

Actualmente não existe um padrão para uma comunicação eficiente e fechada dentro dos clusters.

6. **Clusters dedicados em comparação com clusters empresariais:** Um cluster dedicado é normalmente instalado em um rack lateral de mesa em uma sala central de computadores. É configurado uniformemente com nós de computador do mesmo tipo e é gerido por um único grupo de administradores como um anfitrião front-end. Os clusters dedicados são utilizados para substituir os mainframes tradicionais ou supercomputadores. Um cluster dedicado é instalado, utilizado e gerido como uma única máquina. Um cluster empresarial é usado principalmente para utilizar os recursos não utilizados nos nós. Cada nó é normalmente um computador SMP completo, estação de trabalho ou PC, ao qual estão conectados todos os periféricos necessários. Os nós estão geralmente dispersos geograficamente e não estão necessariamente na mesma sala ou mesmo no mesmo edifício. Os nós são propriedade de vários proprietários.

Questões básicas sobre desenho de clusters

1. **Desempenho escalável: O escalonamento** de recursos (nós de cluster, capacidade de armazenamento, largura de banda de E/S, etc.) leva a um aumento proporcional no desempenho. Dependendo das necessidades da aplicação ou por razões de eficiência de custos, tanto as funções de aumento como as de redução de escala são necessárias. A aglomeração é determinada pela escalabilidade

2. **Imagem de Sistema Único (SSI):** Um grupo de estações de trabalho conectado através de uma rede Ethernet não é necessariamente um cluster. Um cluster é um sistema único.

3. **Suporte de disponibilidade:** Os clusters podem fornecer recursos de HA econômicos com bastante redundância em processadores, memória, discos, dispositivos de E/S, redes e imagens do sistema operacional.

4. **Gestão de trabalhos em cluster: Os** clusters são usados para tentar alcançar uma alta utilização do sistema de estações de trabalho tradicionais ou nós de PC que normalmente não são muito utilizados. O software de gestão de tarefas é necessário para fornecer processamento em lote, balanceamento de carga, processamento paralelo e outras funções

5. **Comunicação entre os nós:** As linhas físicas entre os nós são mais longas em um cluster do que em um MPP. Uma linha longa significa uma maior latência na rede de interconexão. No entanto, linhas mais longas trazem mais problemas em termos de fiabilidade, enviesamento do relógio e diafragma. Estes problemas exigem protocolos de comunicação confiáveis e seguros que aumentam as despesas gerais. Em clusters, as redes padrão (por exemplo, Ethernet) com protocolos padrão, como TCP/IP, são frequentemente utilizadas.

6. **Tolerância e recuperação de falhas: os** conjuntos de máquinas podem ser projetado para evitar todas as falhas individuais. A redundância permite que um cluster tolere falhas até um certo ponto . Os mecanismos de batimento cardíaco podem ser instalados para monitorar o funcionamento Estado de todos os nós. No caso de falha de um nó, os trabalhos críticos executados nos nós falhados podem ser salvos movendo-os para as máquinas dos nós sobreviventes. Esquemas de recuperação de retorno restabelecimento de resultados computacionais através de pontos de verificação regulares.

7. **classificação das famílias de clusters: os** clusters de computadores são divididos em três classes

- Estes clusters são projetados principalmente para computações coletivas sobre um único grande trabalho. Os clusters de computação não lidam com muitas operações de E/S, tais como serviços de banco de dados. Se um único trabalho de computação requer comunicação frequente entre os nós do cluster, o cluster deve adotar uma rede dedicada, de modo que os nós sejam geralmente homogêneos e estreitamente conectados.

Este tipo de agrupamento também é **chamado de agrupamento do Beowulf**

- **Aglomerados de alta disponibilidade Os clusters** HA (High Availability clusters) são projetados para serem tolerantes a falhas e alcançarem HA de serviços. Os clusters de HA operam com muitos nós redundantes para absorver falhas ou falhas.
- Esses clusters proporcionam maior utilização de recursos através do balanceamento de carga entre todos os nós participantes do cluster. Todos os nós compartilham a carga de trabalho ou funcionam como uma única máquina virtual (VM). As solicitações iniciadas pelo usuário são distribuídas entre todas as máquinas de nós para formar um cluster. Isto resulta em uma carga de trabalho equilibrada entre as diferentes máquinas, levando a uma maior utilização de recursos ou desempenho. O middleware é necessário para alcançar o seguinte equilíbrio dinâmico de carga através da migração de trabalho ou processo entre todos os nós de cluster.

Uma arquitetura básica de cluster

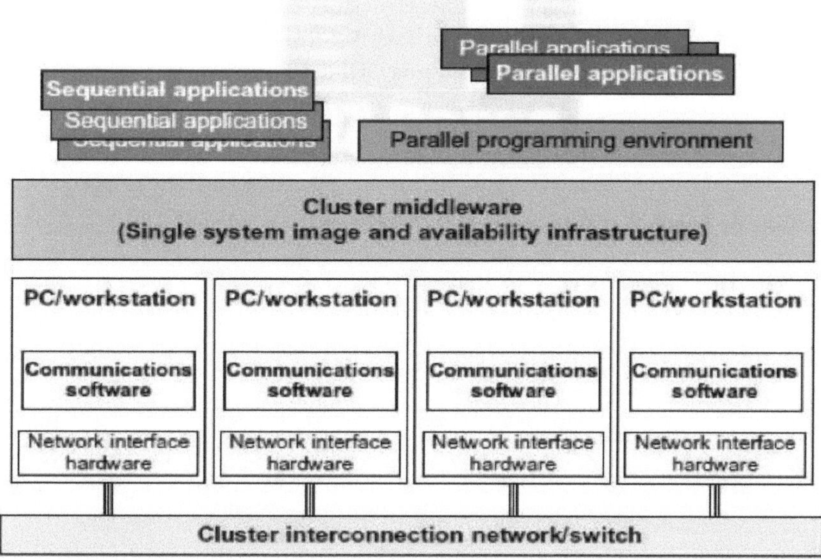

A ilustração mostra um cluster simples de computadores construídos a partir de componentes de prateleira e totalmente suportados com as funções SSI e capacidades HA desejadas. Os nós de processamento são estações de trabalho, PCs ou servidores disponíveis comercialmente. Os sistemas operacionais dos nós devem ser projetados para aplicações multi-usuário, multi-tarefa e multi-tarefa. Os nós são interligados através de uma ou mais redes padrão rápidas. Estas redes utilizam protocolos de comunicação padrão e operam a velocidades que devem ser duas ordens de grandeza mais rápidas do que as velocidades TCP/IP atuais sobre Ethernet.

A placa de interface de rede é conectada ao barramento de E/S padrão do nó (por exemplo, PCI). Se o processador ou sistema operacional for alterado, apenas o software do driver precisa ser alterado

O middleware de cluster une todas as plataformas de nós na área do usuário. Um middleware de disponibilidade fornece serviços de HA. Uma camada SSI fornece um único ponto de entrada, uma única hierarquia de arquivos, um único ponto de controle e um único sistema de gerenciamento de tarefas. Além de

executa programas seqüenciais do usuário, o cluster suporta programação paralela baseada em
idiomas e bibliotecas de comunicação com PVM, MPI ou OpenMP. O ambiente de programação também inclui ferramentas para depuração, criação de perfis, monitoramento, etc. Um subsistema de interface com o usuário é necessário para combinar as vantagens da interface web e da GUI do Windows. Deve também fornecer links de fácil utilização para vários ambientes de programação, ferramentas de gestão de tarefas, hipertexto e suporte de pesquisa para que os utilizadores possam facilmente obter ajuda na programação do cluster de computadores.

Partilha de recursos em clusters

O clustering melhora tanto a disponibilidade como o desempenho
Os nós de um cluster podem ser conectados de uma das três formas mostradas na figura.

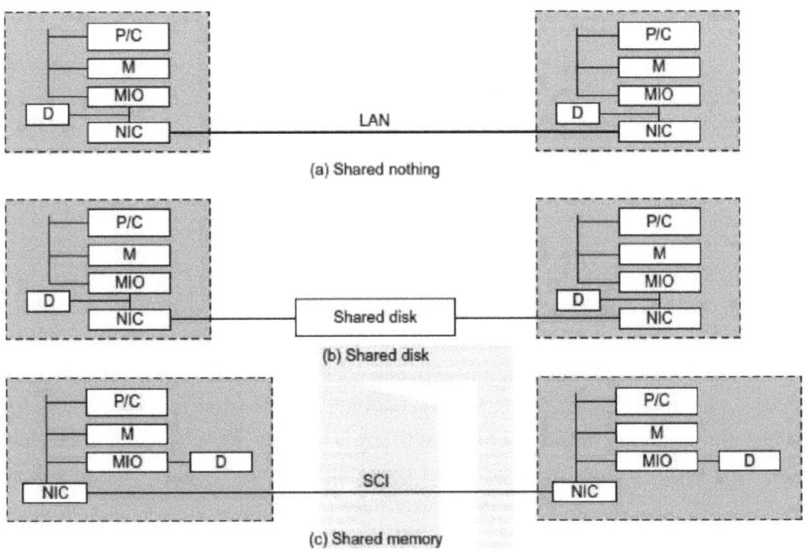

(a) Shared nothing
(b) Shared disk
(c) Shared memory

A arquitetura "shared-nothing" em parte(a) é usada na maioria dos clusters onde os nós estão conectados através do barramento de E/S. Esta arquitetura simplesmente conecta dois ou mais computadores autônomos sobre uma LAN, como a Ethernet

Um cluster de disco compartilhado é mostrado na parte (b) e é adequado para pequenos clusters de disponibilidade em aplicações comerciais. Se um nó falhar, o outro nó assume o controle. Isto é desejado pela maioria dos clusters de empresas para permitir a recuperação em caso de falha de um nó. Os arquivos Checkpoint ou imagens críticas do sistema podem ser armazenados no disco rígido compartilhado para aumentar a disponibilidade do cluster. Sem discos compartilhados, checkpointing, rollback recovery, failover e failback não são possíveis em um cluster.

O cluster de memória compartilhada em parte (c) é muito mais difícil de realizar. Os nós podem ser conectados através de um anel SCI (Scalable Coherence Interface), que é conectado ao barramento de memória de cada nó através de um módulo NIC. Nas outras duas arquitecturas, a interligação está ligada ao autocarro de E/S. O bus de memória funciona a uma frequência mais alta do que o bus de E/S.

PRINCÍPIOS DE CONCEPÇÃO DE CLUSTERS DE COMPUTADORES

Computadores de uso geral e clusters de computadores cooperativos devem ser projetados para escalabilidade, disponibilidade, imagem de sistema único, alta disponibilidade, tolerância a falhas e recuperação de rollback.

1. **Imagem única do sistema**: Uma imagem **única** do sistema é a ilusão criada por software ou hardware,
que apresenta um conjunto de recursos como um recurso integrado e poderoso. O SSI faz o
cluster aparecem como um único computador para o usuário, para as aplicações e para a rede. Um cluster com
múltiplas imagens do sistema nada mais é do que uma coleção de computadores independentes (Distributed
sistemas em geral)

Características de Imagem de Sistema Único

- **Sistema único** : Todo o cluster é considerado pelos usuários como um único sistema com vários processadores.
- **Controle único**: Logicamente, um usuário final ou usuário do sistema utiliza os serviços de um único lugar com uma única interface.
- **Sy mmetry** : Um usuário pode utilizar um serviço de cluster a partir de qualquer nó. Todos os serviços e funções de cluster são simétricos para todos os nós e todos os usuários, exceto aqueles protegidos por direitos de acesso.
- **Transparência de localização**: O utilizador não sabe a localização do dispositivo

físico que acaba por fornecer um serviço.

Serviços Básicos SSI

A. Ponto de entrada único

telnet cluster.usc.edu

nodo telnet1.cluster.usc.edu

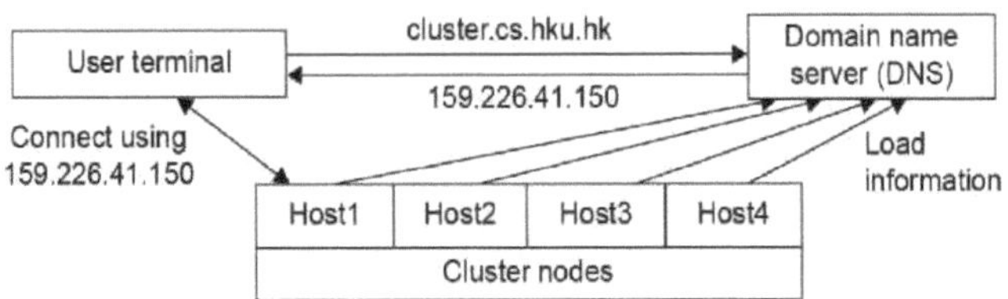

1. Quatro nós de um cluster são usados como nós do host para receber as solicitações de login dos usuários.
2. Para entrar no cluster, um comando Unix padrão como "telnet cluster.cs.hku.hk" é inserido usando o nome simbólico do sistema de cluster.
3. O nome simbólico é traduzido pelo DNS e devolvido com o endereço IP 159.226.41.150 do nó menos carregado, que é o nó Host1.
4. O usuário então faz o login com este endereço IP.
5. O DNS recebe informações de carga dos nós do host em intervalos regulares para tomar decisões de balanceamento de carga.

B. **Hierarquia de arquivo único**: xFS, AFS, Solaris MC Proxy

A ilusão de uma imagem única e enorme de um sistema de arquivo que representa de forma transparente o

e discos rígidos globais e outros dispositivos de arquivo (por exemplo, fitas). Os arquivos podem ser armazenados em 3 tipos de suportes de dados locais em um cluster:

Armazenamento local - disco rígido no nó local.

Armazenamento remoto - discos rígidos em nós remotos.

Armazenamento estável -

Persistente - os dados uma vez escritos em armazenamento estável permanecem lá pelo menos por

durante um certo período de tempo (por exemplo, uma semana), mesmo depois de o cluster ter sido desligado.

Tolerância a falhas - em certa medida, utilizando redundância e backups regulares para

Fitas.

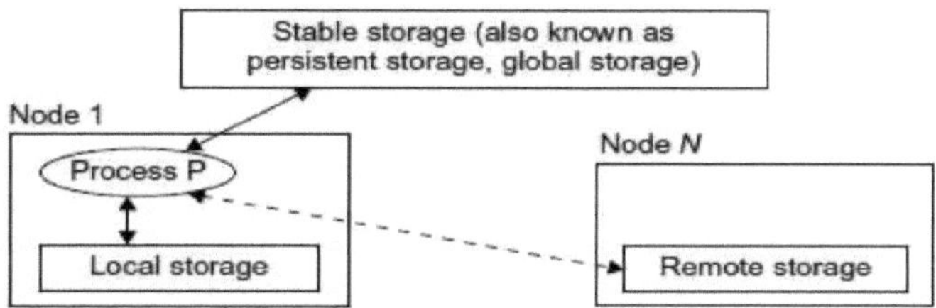

Três tipos de armazenamento em uma única hierarquia de file. As linhas sólidas mostram que processo P pode acessar
e a linha tracejada mostra o que P pode ser capaz de acessar

C. **E/S única, rede e armazenamento:** Para conseguir SSI nós precisamos de um:

- ponto de controlo único
- Espaço de endereçamento individual
- Sistema de gestão para um único utilizador
- Interface de usuário único
- Controle de processos individuais

Rede única: Um cluster devidamente projetado deve se comportar como um sistema único. Qualquer processo em qualquer nó pode usar qualquer rede e qualquer dispositivo de E/S como se estivesse conectado ao nó local. Uma única rede significa que qualquer nó pode acessar qualquer conexão de rede.

Ponto único de controle: O administrador do sistema deve ser capaz de configurar, monitorar e testar,

e controlar o cluster inteiro e cada nó individual a partir de um único ponto. Muitos aglomerados ajudam
através de um console de sistema que está conectado a todos os nós do cluster

Memória única: A memória única dá ao utilizador a ilusão de uma memória principal grande e centralizada, que pode, de facto, consistir em várias áreas de memória locais distribuídas.

Espaço de endereço de E/S único: Um espaço de E/S único significa que cada nó pode acessar os RAIDs.

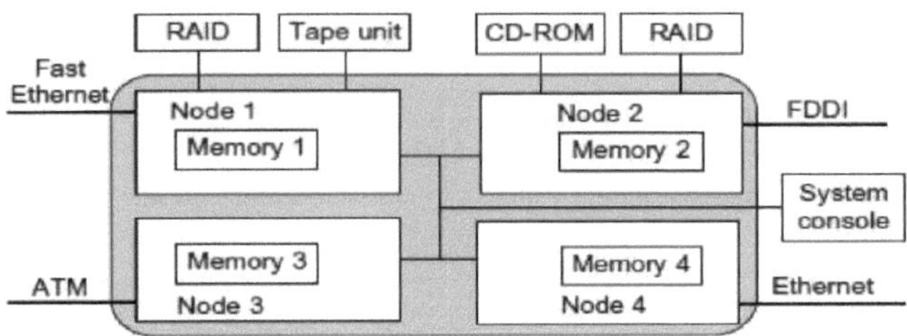

Um cluster com uma única rede, uma única área de E/S, uma única memória e um único ponto de controle

Outros serviços

Gestão de um único trabalho: Todos os trabalhos em cluster podem ser enviados de cada nó para um único
Sistema de gestão de encomendas. GlUnix, Codine, LSF, etc.

Interface única de usuário: Os usuários utilizam o cluster através de uma única interface gráfica. Tal interface está disponível para estações de trabalho e PCs como CDE em Solaris/NT

Espaço de processo único Todos os processos do usuário criados em diferentes nós formam um único espaço de processo
e partilham um esquema comum de identificação de processos. Um processo em qualquer nó pode criar processos em nós remotos (por exemplo, através de um garfo UNIX) ou comunicar-se com eles (por exemplo, através de sinais, tubos, etc.).

Suporte a middleware para funções **SSI de clustering As** funções SSI são suportadas por middleware desenvolvido em três níveis de aplicação de cluster:

- **Nível de administração** Este nível gerencia as aplicações do usuário e fornece um sistema de gerenciamento de pedidos
tais como GLUnix, MOSIX, Load Sharing Facility (LSF) ou Codine.

- **Nível de programação** Este nível fornece uma hierarquia de ficheiros única (NFS,

xFS, AFS, Proxy) e
memória compartilhada distribuída (TreadMark, Wind Tunnel).

- **Nível de implementação** Este nível suporta um único espaço de processo, Checkpointing, processo migração e uma única área de E/S. Estas funções devem estar ligadas ao hardware do cluster e Plataforma OS .

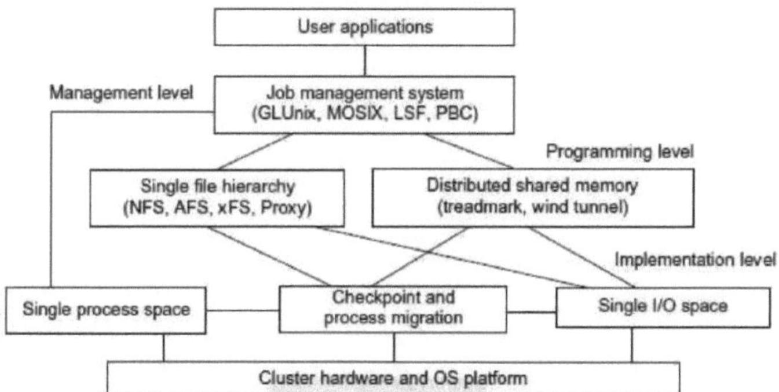

Relação entre middleware de clustering a nível da gestão de encomendas, programação e implementação .

2. **Alta disponibilidade através de redundância:**

- A **confiabilidade** mede quanto tempo um sistema pode operar sem falhas.
- **A disponibilidade** indica a porcentagem de tempo que um sistema está disponível para o usuário, isto é.., a percentagem do tempo de funcionamento do sistema.

- A **capacidade de manutenção refere-se à** facilidade de manutenção do sistema, incluindo hardware e Manutenção, reparação, actualizações de software, etc.

A confiabilidade de um sistema é medida pelo tempo médio até a falha (MTTF), ou seja, o tempo médio de operação normal antes que o sistema (ou um componente do sistema) falhe. A medida da operacionalidade é o tempo médio de reparação (MTTR), ou seja, o tempo médio necessário para reparar o sistema e torná-lo novamente operacional após uma falha.

A disponibilidade de um sistema é definida por:

Disponibilidade = MTTF / (MTTF +MTTR)

Um **mau funcionamento** é um evento que impede que o sistema funcione normalmente.

- **Falhas não planeadas** O sistema avaria, por exemplo, devido a uma falha do sistema operativo, um hardware falha, uma interrupção na rede, erro do operador humano, falha de energia, etc. Todos Estes são simplesmente referidos como erros. Para corrigir o erro, o sistema deve ser reparado.
- **Paradas programadas** O sistema não está com defeito, mas é regularmente desligado do funcionamento normal. Operação para upgrades, reconfiguração e manutenção.

Falhas temporárias versus permanentes
Muitas falhas são **temporárias,** ou seja, ocorrem por um curto período de tempo e depois desaparecem novamente. Eles podem ser fixados sem necessidade de substituir componentes. Uma abordagem padrão é reiniciar o sistema para um estado conhecido e começar de novo.
Falhas permanentes não podem ser reparadas através de reinicialização. Alguns componentes de hardware ou software devem ser reparados ou substituídos. Por exemplo, um reinício não é possível se o disco rígido do sistema estiver com defeito.

Falhas parciais versus falhas totais
Uma falha que torna o sistema inteiro inutilizável é chamada de falha total. Uma falha que afeta apenas parte do sistema é chamada de falha parcial se o sistema ainda for utilizável com capacidade reduzida.

Técnicas de redundância

Redundância isolada: Uma técnica chave para melhorar a disponibilidade de qualquer sistema é a utilização de componentes redundantes. Se um componente (o componente principal) falhar, o serviço que ele fornece é assumido por outro componente (o componente de backup). Além disso, os componentes primários e de backup devem ser isolados um do outro, ou seja, não devem ser expostos à mesma causa de falha. Os clusters fornecem HA com redundância em fontes de alimentação, ventiladores, processadores, memórias, discos rígidos, dispositivos de E/S, redes, imagens de SO e assim por diante. Em um cluster cuidadosamente projetado, a redundância também é isolada.

Programação N-version para melhorar a confiabilidade do software Uma abordagem comum para desenvolver um sistema de software de missão crítica com redundância isolada é a programação N-version. O software é implementado por N equipas isoladas que podem nem sequer saber da existência umas das outras. Em um sistema tolerante a falhas, as versões N são todas executadas simultaneamente e seus resultados são constantemente comparados. Se os resultados forem diferentes, o sistema é informado de que ocorreu um erro.

3. **configurações de clusters tolerantes a falhas:** A solução de cluster deve fornecer

Suporte de disponibilidade para dois nós de servidor com três níveis de disponibilidade ascendentes: Quente

Standby, aquisição activa e tolerante a falhas. O nível de disponibilidade aumenta de standby para

configurações de cluster ativas e tolerantes a falhas. Quanto menor o tempo de recuperação, maior é o

a disponibilidade do agrupamento. Failback refere-se à capacidade de um nó recuperado de voltar à operação normal.

Operação após reparação ou manutenção. Atividade refere-se a se o nó é utilizado na operação ativa

operar em modo normal.

- **Hot standby server cluster**: Em um hot standby cluster, apenas o nó primário está executando ativamente todo o trabalho útil. O nó de espera está ligado (quente) e executa alguns programas de monitorização para transmitir sinais de batimento cardíaco para verificar o estado do nó primário, mas não executa quaisquer outras cargas de trabalho úteis. O nó primário deve espelhar todos os dados para o armazenamento em disco compartilhado acessível pelo nó de espera. O nó de espera precisa de uma segunda cópia dos dados.

• **Active takeover cluster**: Neste caso, a arquitetura é simétrica entre vários servidores

Nódulo. Ambos os servidores são primários e executam trabalhos normalmente úteis. Tanto o failover como o failback são

muitas vezes suportado em ambos os nós do servidor. Se um nó falhar, as aplicações do usuário em

os nós disponíveis do cluster. Dependendo do tempo necessário para realizar o failover,

pode haver atrasos ou perda de dados que não foram salvos durante a última atualização.

Ponto de controlo.

- **Failover cluster:** Se um componente falhar, esta técnica permite que o sistema restante assumir os serviços originalmente prestados pelo componente falhado. Um mecanismo de failover Deve fornecer múltiplas funções, como diagnóstico de falhas, notificação de falhas e resolução de problemas.

Recuperação. O diagnóstico de falha refere-se à detecção de uma falha e à localização da falha. componente que causou a falha. Uma técnica comumente usada é o batimento cardíaco, onde o os nós de agrupamento enviam um fluxo de mensagens de batimento cardíaco uns aos outros. Se o sistema não recebe o fluxo de mensagens de batimento cardíaco de um nó, ele pode inferir que o nó ou a ligação de rede falhou.

Regulamentos de reciclagem

A recuperação de uma **falha refere-se às** ações necessárias para assumir a carga de trabalho de um componente falhado. Existem dois tipos de técnicas de recuperação. Na recuperação **inversa,** os processos em execução em um cluster armazenam regularmente um estado consistente (chamado ponto de verificação) em um armazenamento estável. Após uma falha, o sistema é reconfigurado para isolar o componente falhado, o ponto de verificação anterior é restaurado e a operação normal é retomada. Isto é referido como rollback. A recuperação de Rollback é relativamente fácil de implementar de uma forma portátil e independente da aplicação

Quando o tempo de execução é crítico, como em sistemas em tempo real onde o tempo de retorno não pode ser tolerado, deve ser usado um esquema de recuperação futura. Em tal esquema, o sistema não retrocede para o ponto de controlo anterior em caso de falha. Em vez disso, o sistema utiliza as informações de diagnóstico de erros para reconstruir um estado válido do sistema e continuar a execução. A recuperação progressiva é dependente da aplicação e pode exigir hardware adicional.

Técnicas de checkpointing e recuperação

Com o checkpointing, o estado de um programa em execução é armazenado em intervalos regulares numa memória estável a partir da qual o sistema pode recuperar após um erro. Cada estado de programa armazenado é chamado de ponto de controle. O

arquivo em disco que contém o estado armazenado é chamado de arquivo de ponto de verificação.
As técnicas de checkpointing são úteis não só para a disponibilidade, mas também para programas de depuração, processos migratórios e balanceamento de carga.

Os pontos de verificação podem ser realizados pelo sistema operativo **ao nível do núcleo**, onde o sistema operativo faz pontos de verificação e reinicia os processos de forma transparente.
Uma abordagem menos transparente conecta o código do usuário com uma **biblioteca de pontos de verificação na área do usuário**. Os pontos de verificação e reinicialização são tratados por este suporte de tempo de execução. Esta abordagem é amplamente utilizada porque tem a vantagem de que as aplicações do usuário não precisam ser alteradas.

Uma terceira abordagem requer que o **usuário (ou o compilador)** insira funções de checkpointing na aplicação; isto requer que a aplicação seja modificada e que a transparência seja perdida. No entanto, tem a vantagem de que o usuário pode especificar onde o ponto de verificação deve ser definido. Isto é útil para reduzir

Apontamentos de controlo. O Checkpointing causa tanto o tempo como a sobrecarga de memória.

Sobretaxas dos pontos de controlo
Durante a execução de um programa, os seus estados podem ser armazenados muitas vezes. Isto é indicado pelo tempo necessário para armazenar um ponto de controlo. A sobrecarga de memória é a memória adicional e o espaço em disco necessários para o checkpointing. Tanto o tempo como a sobrecarga de memória dependem do tamanho do arquivo do ponto de verificação.

Seleção de um intervalo ótimo de pontos de controle

O intervalo de tempo entre dois pontos de controle é chamado de intervalo de pontos de controle. A determinação do intervalo
é maior, o tempo necessário para o ponto de controlo pode ser reduzido.
Wong e Franklin derivaram uma expressão para o intervalo ideal de pontos de controle

Intervalo ideal de pontos de controle = raiz quadrada (MTTF x tc)/h

O MTTF é o tempo médio para a falha do sistema. Este MTTF leva em consideração o tempo necessário para salvar um ponto de teste e h é a porcentagem média dos cálculos normais realizados em um intervalo de pontos de teste antes que o sistema falhe. O parâmetro h está sempre dentro do intervalo. Após um sistema ser recuperado, ele deve passar h x (intervalo de pontos de verificação) tempo recalculando.

Ponto de controle incremental
Em vez de guardar o estado inteiro em cada ponto de controlo, um esquema de pontos de controlo incremental guarda apenas a parte do estado que foi alterada em relação ao ponto de controlo anterior. Com o checkpointing de estado completo, apenas um arquivo de checkpoint precisa ser armazenado no disco. Os pontos de verificação subsequentes simplesmente sobrescrevem este ficheiro. Com pontos de verificação incrementais, arquivos antigos devem ser mantidos porque um estado pode abranger muitos arquivos. Portanto, a necessidade total de armazenamento é maior

Checkpointing bifurcado
A maioria dos esquemas de pontos de verificação estão bloqueados, pois o cálculo normal é interrompido enquanto o ponto de verificação é executado. Se houver memória suficiente, a sobrecarga do ponto de controlo pode ser reduzida fazendo uma cópia do estado do programa na memória e chamando outro fio assíncrono para executar o ponto de controlo ao mesmo tempo. Uma maneira simples de sobrepor pontos de verificação e cálculos é usar o garfo de chamada do sistema UNIX( ). O processo de criança bifurcada duplica o espaço de endereço do processo dos pais e define o ponto de verificação. Enquanto isso, o processo de execução dos pais continua. A sobreposição é alcançada porque o checkpointing é de disco e I/O intensivo.

Controlo de pontos de controlo controlado pelo utilizador
A sobrecarga do ponto de verificação pode por vezes ser significativamente reduzida se o utilizador inserir código (por exemplo, chamadas de biblioteca ou de sistema) para dizer ao sistema quando deve guardar, o que deve guardar e o que não deve guardar. O que

deve ser o conteúdo exacto de um ponto de controlo? Deve conter apenas informação suficiente para permitir a recuperação de um sistema. O estado de um processo inclui os seus dados e estado de controlo

Verificação de programas paralelos O estado de um programa paralelo é normalmente muito maior
do que um programa sequencial, pois consiste no conjunto dos estados dos processos individuais e do estado da rede de comunicação. O paralelismo também leva a vários problemas de sincronização e **consistência**
Diz-se que um instantâneo global é consistente se não houver mensagem que tenha sido recebida pelo ponto de controle de um processo mas ainda não enviada por outro processo. Em termos gráficos, isto corresponde ao caso em que nenhuma seta cruza uma linha de snapshot da direita para a esquerda

Controlo coordenado versus controlo independente

Os esquemas de verificação para programas paralelos podem ser divididos em dois tipos. No checkpointing coordenado (também chamado checkpointing consistente), o programa paralelo é congelado e todos os processos são verificados simultaneamente. No checkpointing independente, os processos são verificados independentemente um do outro.

Planejamento e gerenciamento de trabalhos em cluster

Um sistema de gerenciamento de trabalho (*JMS*) deve ser composto de três partes:

- Um **servidor de usuário** permite ao usuário enviar trabalhos para uma ou mais filas, especificar os requisitos de recursos para cada trabalho, excluir um trabalho de uma fila e consultar o status de um trabalho ou fila.
- Um planejador de **trabalhos que** executa a programação de trabalhos e o enfileiramento de acordo com tipos de trabalhos, necessidades de recursos, disponibilidade de recursos e políticas de programação.
- **Um gestor de recursos que** aloca e monitora recursos, aplica políticas de planejamento e coleta informações de faturamento.

administração JMS

- O JMS deve ser capaz de reconfigurar dinamicamente o cluster com o mínimo impacto nos trabalhos em execução.
- Deve ser possível executar os scripts de prólogo e epílogo do administrador antes e depois de cada verificação de segurança, contabilidade e trabalho de limpeza.
- Devemos ser capazes de fazer o nosso próprio trabalho de forma limpa.
- O administrador ou o JMS deve ser capaz de interromper ou terminar qualquer trabalho de forma limpa.
    - > Limpo significa que quando um trabalho é interrompido ou terminado, todos os seus processos devem ser incluídos.
    - > Caso contrário, alguns processos "órfãos" permanecem no sistema, o que desperdiça recursos do cluster e pode eventualmente tornar o sistema inutilizável.

Vários tipos de trabalhos são executados em um cluster.

- As ordens em série funcionam num único nó.
- Os trabalhos paralelos utilizam vários nós.
- Os trabalhos interativos são aqueles que requerem um tempo de retorno rápido e cuja entrada/saída é roteada para um terminal.
    - > Estes trabalhos não requerem grandes recursos e os utilizadores esperam

que sejam executados imediatamente e não têm de esperar em fila de espera.

- Os trabalhos em lote geralmente requerem mais recursos, como memória grande e tempo de CPU longo.
  - > Mas eles não precisam de uma resposta imediata.
  - > Eles são submetidos a uma fila de trabalho a ser executada quando o recurso estiver disponível (por exemplo, fora do horário comercial).

Esquemas de planeamento multi-emprego

- Os trabalhos de cluster podem ser programados para serem executados em um horário específico (programação de **calendário**) ou quando ocorre um evento específico (programação de **eventos).**
- Os trabalhos são programados de acordo com prioridades baseadas no tempo de submissão, nós de recursos, tempo de execução, memória, disco, tipo de trabalho e identidade do usuário.
- Com **prioridade estática, os** empregos são priorizados de acordo com um esquema pré-definido.
  - > Um esquema simples é agendar as encomendas por ordem de chegada.
  - > Outra possibilidade é atribuir prioridades diferentes aos utilizadores.

Com **prioridade dinâmica,** a prioridade de um trabalho pode mudar com o tempo.

Problemas de agendamento de trabalhos e esquemas para nós de cluster

Saída	Esquema	Problemas centrais
Prioridade do trabalho	**Não-preemptivo**	Atraso de ordens de alta prioridade
	Preventivo	Custos indiretos, implementação
Recursos necessários	**Estático**	Desequilíbrio de carga
	Dinâmico	Custos indiretos, implementação
Partilhar recursos	**Dedicado**	Mau uso
	Partilhar o espaço	Azulejaria, grande trabalho
Agendamento	**Time-sharing**	Controle de ordem baseado no processo com chave de contexto
	Independente	Forte desaceleração
	Planejamento do corredor	Dificuldades com a implementação
Concorrência com empregos estrangeiros (locais)	**Fique**	Abrandamento no emprego local
	Migrar	Limiar de migração, despesas gerais de migração

Modos de agendamento

Modo Dedicado :

- Apenas um trabalho é executado no cluster de cada vez, e um nó é atribuído no máximo a um processo do trabalho de cada vez.

- O trabalho individual é executado até a conclusão antes de liberar o cluster para executar outros trabalhos.

Partilha do Espaço :
Vários trabalhos podem ser executados simultaneamente em divisórias (grupos) de nós.

- Um nó é atribuído no máximo a um processo de cada vez.
- Embora uma partição de nós seja reservada para um trabalho, os subsistemas de interconexão e E/S podem ser compartilhados por todos os trabalhos.

Timeshare :

- Os processos de múltiplos usuários são atribuídos ao mesmo nó.

  A divisão do tempo introduz as seguintes estratégias de planejamento paralelo:

  - **Programação independente (independente):** Utiliza o sistema operacional de cada nó de cluster para programar vários processos, como em uma estação de trabalho convencional.
  - Programação de **Gangues** : Agenda todos os processos de um trabalho paralelo em conjunto. Quando um processo está ativo, todos os processos estão ativos.

  - **Concorrência com encomendas estrangeiras (locais)**: O planejamento torna-se mais complicado quando tanto as ordens de cluster como as ordens locais são executadas. As ordens locais devem ter prioridade sobre as ordens de agrupamento.

1. **Esquema de Migração Emite Nó Disponibilidade**: O emprego pode encontrar outro nó disponível para migrar?
   > Estudo de Berkeley : Mesmo em horários de pico, 60% dos empregos em um cluster estão disponíveis.

2. **Despesas gerais de migração**: Qual é o impacto das despesas gerais da migração? O tempo de migração pode atrasar significativamente um trabalho paralelo.
   > Estudo de Berkeley: uma desaceleração de 2,4 vezes.
   > A desaceleração é menor quando um trabalho paralelo é executado em um cluster duas vezes maior.
   > por exemplo, um trabalho de 32 nós num cluster de 60 nós - retardando a migração em não mais de 20%, mesmo com um tempo de migração de 3 minutos.

3. **Limiar de recrutamento**: a quantidade de tempo que uma estação de trabalho permanece ociosa antes que o cluster a considere um nó ocioso. Qual deve ser o limiar de recrutamento?

A virtualização é uma tecnologia de arquitectura informática que duplica múltiplas máquinas virtuais (VMs) no mesmo hardware. O objetivo de uma VM é melhorar o compartilhamento de recursos entre muitos usuários e aumentar o desempenho do computador em termos de utilização de recursos e flexibilidade de aplicativos. Os recursos de hardware (CPU, memória, dispositivos de E/S, etc.) ou de software (sistema operacional e bibliotecas de software) podem ser virtualizados em diferentes camadas funcionais

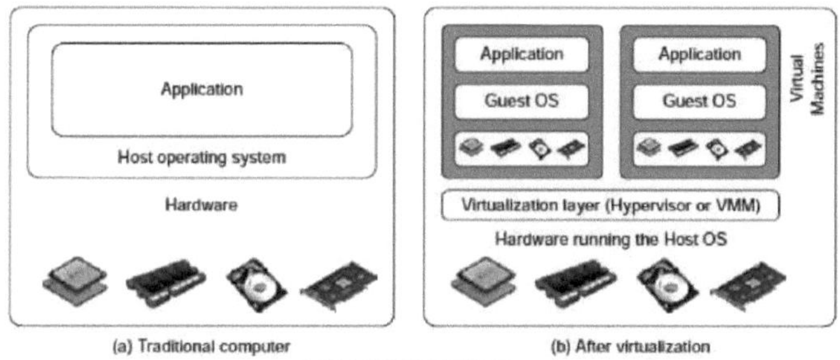

Um computador tradicional executa um sistema operacional hospedeiro especificamente adaptado à sua arquitetura de hardware, como mostrado na Figura(a). Após a virtualização, diferentes aplicativos de usuário gerenciados por seus próprios sistemas operacionais (sistemas operacionais convidados) podem rodar no mesmo hardware independentemente do sistema operacional hospedeiro. Isto é frequentemente feito adicionando um software adicional chamado camada de virtualização (ver figura (b)). Esta camada de virtualização é chamada de hipervisor ou Monitor de Máquina Virtual (VMM). As VMs estão localizadas nas caixas superiores, onde os aplicativos executam seu próprio sistema operacional convidado sobre a CPU virtualizada, memória e recursos de E/S. A principal função da camada de software de virtualização é virtualizar o hardware físico de uma máquina host em recursos virtuais que são utilizados pelas VMs.

Etapas de implementação da virtualização

O software de virtualização cria a abstracção de VMs ao inserir uma camada de virtualização em diferentes níveis de um sistema informático.

As camadas comuns de virtualização incluem

- Arquitetura do conjunto de instruções (ISA) nível
- Nível de Hardware
- Nível do sistema operacional
- Nível de suporte de biblioteca
- Nível de aplicação

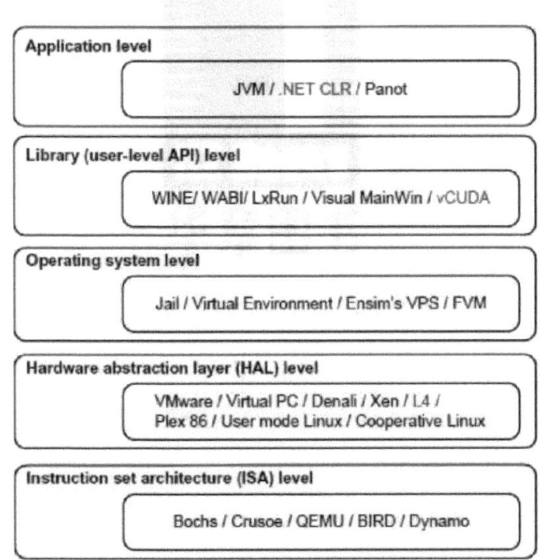

Nível de Arquitectura do Conjunto de Instrução: A virtualização é conseguida através da emulação de um ISA específico através do ISA do anfitrião.

Por exemplo, o código binário MIPS pode ser executado em uma máquina host baseada em x-86 usando emulação ISA. Sistemas típicos: Bochs, Crusoe, Quemu, BIRD, Dynamo

Vantagem:

- Pode executar um grande número de binários antigos escritos para diferentes processadores em qualquer nova máquina hospedeira de hardware

- A melhor flexibilidade de aplicação

Restrição:

- Um comando fonte pode exigir dezenas ou centenas de comandos alvo nativos para desempenhar a sua função, o que é relativamente lento.
- O V-ISA requer a adição de uma camada de tradução de software específica do processador no compilador.

Virtualisation ao nível da abstracção de hardware: Virtualisationi

s

realizado directamente sobre o hardware.

- Ele cria ambientes de hardware virtual para VMs e gerencia o hardware subjacente através da virtualização.

- Sistemas típicos: VMware, Virtual PC, Denali, Xen

Vantagem:

- Proporciona maior desempenho e bom isolamento de aplicações

Restrição:

- Muito caro de implementar (complexidade)

Virtualisation a nível do sistema operativo (SO): Esta é uma camada de abstracção entre os sistemas **operativos** tradicionais
Sistema operacional e aplicações do usuário.

- Esta virtualização cria contentores isolados num único servidor físico e na instância do sistema operativo para utilizar o hardware e software nos centros de dados.
- Sistemas típicos: Prisão / Ambiente Virtual / Ensim's VPS / FVM

Vantagem:

- Custos mínimos de inicialização e desligamento, baixos requisitos de recursos e alta escalabilidade; sincronização das mudanças de status da VM e do host.

Restrição:

- Todas as VMs no nível do sistema operacional devem ter o mesmo tipo de sistema operacional convidado
- Insuficiente flexibilidade de aplicação e isolamento.

Nível de suporte de biblioteca: ambientes de execução são criados para executar programas estrangeiros em uma plataforma, ao invés de criar uma VM que executa todo o sistema operacional.

- Isto é feito interceptando chamadas API e remapeando.
- Sistemas típicos: Vinho, WAB, LxRun , VisualMainWin

Vantagem:

- Tem um esforço de implementação muito baixo

Restrição:

- Baixa flexibilidade e isolamento da aplicação

Nível de usuário e aplicação: virtualiza uma aplicação como uma máquina virtual.

- Esta camada se situa como um programa aplicativo em um sistema operacional e exporta uma abstração de uma VM que pode executar programas escritos e compilados para uma definição específica de máquina abstrata.
- Sistemas típicos: JVM , NET CLI , Panot

Vantagem:

- Tem o melhor isolamento de aplicação

Restrição:

- Baixo desempenho, baixa flexibilidade de aplicação e alta complexidade de implementação .

Table 3.1 Relative Merits of Virtualization at Various Levels (More "X"'s Means Higher Merit, with a Maximum of 5 X's)

Level of Implementation	Higher Performance	Application Flexibility	Implementation Complexity	Application Isolation
ISA	X	XXXXX	XXX	XXX
Hardware-level virtualization	XXXXX	XXX	XXXXX	XXXX
OS-level virtualization	XXXXX	XX	XXX	XX
Runtime library support	XXX	XX	XX	XX
User application level	XX	XX	XXXXX	XXXXX

Virtualização a nível do sistema operativo

A virtualização do sistema operacional adiciona uma camada de virtualização a um sistema operacional para dividir os recursos físicos de uma máquina. Ele permite múltiplas VMs isoladas dentro de um único kernel do sistema operacional. Este tipo de VM é frequentemente referido como um ambiente de execução virtual (VE), sistema privado virtual (VPS) ou simplesmente um contentor. Do ponto de vista do usuário, os VEs se parecem com servidores reais. Isto significa que um VE tem seu próprio conjunto de processos, sistema de arquivos, contas de usuário, interfaces de rede com endereços

IP, tabelas de roteamento, regras de firewall e outras configurações pessoais. Embora os VEs possam ser personalizados para pessoas diferentes, eles usam o mesmo kernel do sistema operacional. Portanto, a virtualização ao nível do sistema operacional também é chamada de virtualização de imagem de SO único.

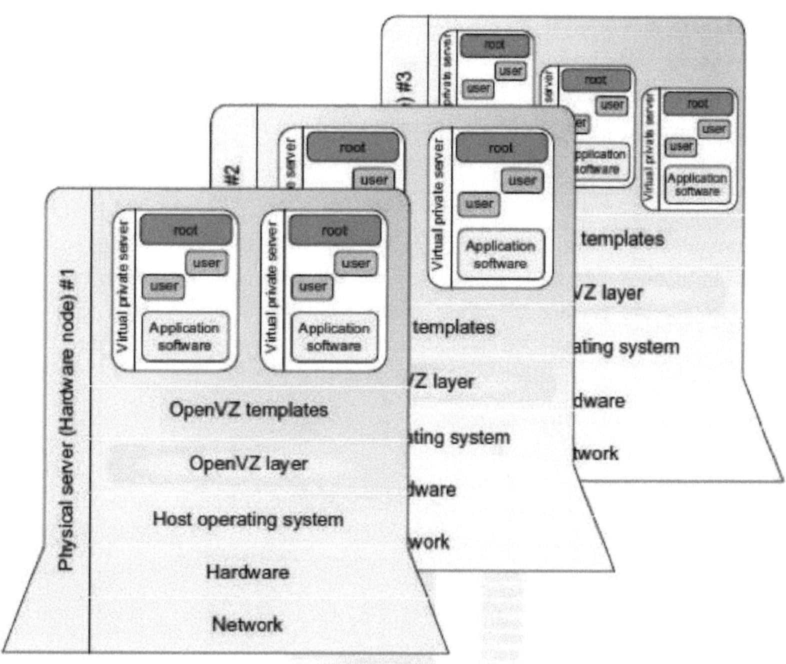

Virtualização do sistema operacional a partir da perspectiva de uma pilha de máquinas

Vantagens da extensão do SO para virtualização

1. As VMs de nível de sistema operacional têm custos mínimos de start-up/shut down
2. VM a nível de SO pode facilmente sincronizar-se com o seu ambiente

Desvantagem da extensão do sistema operacional para virtualização

Todas as VMs no mesmo OS container devem ter o mesmo sistema operacional convidado ou um sistema operacional similar, que é o

Flexibilidade de aplicação de diferentes VMs na mesma máquina física.

Hipervisor e arquitetura Xen

O hipervisor suporta virtualização a nível de hardware (ver Figura 3.1(b)) em dispositivos de metal nulo, tais como CPU, memória, disco e interfaces de rede. O software hipervisor reside diretamente entre o hardware físico e o sistema operacional. Esta camada de virtualização é chamada de VMM ou hipervisor. O hipervisor fornece hipercalls para os sistemas operacionais e aplicações dos hóspedes.

Dependendo da funcionalidade, um hipervisor pode adotar uma arquitetura de microkernel como o Microsoft Hyper-V. Ou pode usar uma arquitetura monolítica de hipervisor como o VMware ESX para virtualização de servidores.

A arquitetura Xen

Xen é um programa de código aberto hipervisor desenvolvido pela Universidade de Cambridge. Xen é um microkernel hypervisor que separa a política dos mecanismos. O hipervisor Xen implementa todos os mecanismos e deixa o domínio 0 para tratar da política. Xen não inclui, por inerência, drivers de dispositivos. Ele apenas fornece um mecanismo através do qual um sistema operacional convidado pode acesso directo aos dispositivos físicos.

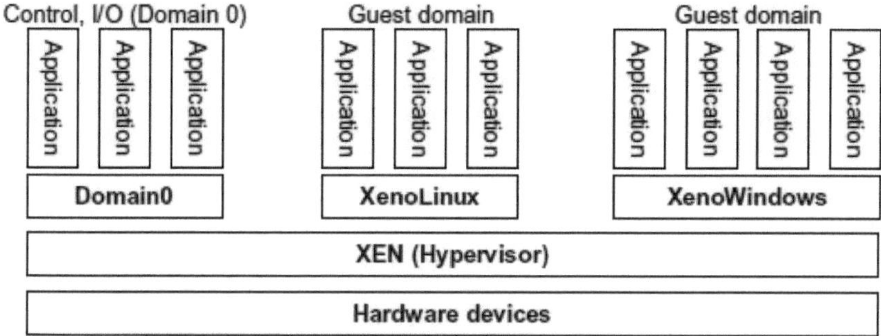

Dispositivos de Hardware

O domínio especial 0 da arquitetura Xen para controle e E/S, bem como vários domínios convidados para aplicações do usuário

Os componentes centrais de um sistema Xen são o hipervisor, o kernel e as aplicações. O sistema operacional convidado em controle é referido como domínio 0, os outros como domínio U. O domínio 0 é um sistema operacional convidado privilegiado de Xen. É carregado primeiro quando o Xen arranca, sem drivers de sistema de arquivo disponíveis. O domínio 0 foi concebido para aceder directamente ao hardware e gerir dispositivos. Portanto, uma das tarefas do domínio 0 é alocar e atribuir recursos de hardware para os domínios convidados (domínio U).

Tradução binária com virtualização total

Dependendo da tecnologia de implementação, a virtualização de hardware pode ser dividida em duas categorias: a virtualização completa e a virtualização baseada em host.

A virtualização completa não requer que o sistema operativo anfitrião seja alterado. Ela depende da tradução binária para interceptar e virtualizar a execução de certos comandos sensíveis que não podem ser virtualizados. O sistema operacional convidado e suas aplicações consistem em instruções não-críticas e críticas. Em um sistema baseado em host, tanto um sistema operacional host quanto um sistema operacional guest são usados. Uma camada de software de virtualização é construída entre o sistema operacional hospedeiro e o sistema operacional convidado

Virtualização completa

Na virtualização total, comandos não críticos são executados diretamente no hardware, enquanto comandos críticos são detectados e substituídos por armadilhas no VMM para serem emulados pelo software. Tanto a abordagem hypervisor como a VMM são consideradas como uma virtualização total. Por que somente as instruções críticas estão incluídas no VMM? Isto porque a tradução binária pode causar uma grande sobrecarga de desempenho. Os comandos não críticos não controlam o hardware nem ameaçam a segurança do sistema, mas os comandos críticos sim. Portanto, executar comandos não críticos no hardware pode não só aumentar a eficiência, mas também garantir a segurança do sistema.

Tradução binária dos pedidos do sistema operacional convidado usando um VMM

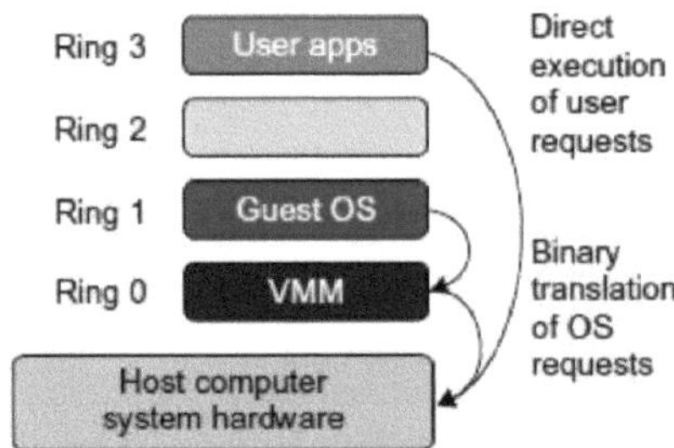

Essa abordagem foi implementada pela VMware e por muitas outras empresas de software. O VMware coloca o VMM no anel 0 e o SO convidado no anel 1. O VMM varre o fluxo de comandos e identifica os comandos privilegiados, de controle e de comportamento. Uma vez identificados estes comandos, eles são incluídos no VMM, que emula o comportamento destes comandos. O método utilizado para esta emulação é chamado de tradução binária. Portanto, a virtualização completa combina tradução binária e execução directa. O sistema operacional convidado é completamente desacoplado do hardware subjacente. Consequentemente, o sistema operacional convidado não sabe que está sendo virtualizado.

Virtualização baseada no anfitrião

Uma arquitectura VM alternativa é instalar uma camada de virtualização no topo do sistema operativo anfitrião. Este sistema operacional host ainda é responsável pelo gerenciamento do hardware. Os sistemas operacionais convidados são instalados e executados na camada de virtualização. As aplicações dedicadas podem ser executadas nas VMs. Naturalmente, algumas outras aplicações também podem ser executadas diretamente com o sistema operacional hospedeiro.

Esta arquitetura baseada em host tem algumas vantagens distintas. Primeiro, o usuário pode instalar esta arquitetura VM sem alterar o sistema operacional do host. O

O software de virtualização pode contar com o sistema operacional host para fornecer drivers de dispositivos e outros serviços de baixo nível. Isto simplifica o design da VM e facilita a sua implementação. Em segundo lugar, a abordagem baseada no host é adequada para muitas configurações de máquinas host.

Em comparação com a arquitetura hypervisor/VMM, o desempenho da arquitetura - baseada em host também pode ser baixo. Se uma aplicação solicitar acesso a hardware, são necessários quatro níveis de alocação, o que afecta significativamente o desempenho. Se o ISA de um sistema operacional convidado for diferente do ISA do hardware subjacente, uma tradução binária deve ser realizada. Embora a arquitetura baseada em host seja flexível, o desempenho é muito baixo para ser útil na prática.

Para-virtualização com suporte de compilação

Com a paravirtualização, os sistemas operacionais convidados devem ser alterados. Uma VM paravirtualizada fornece APIs especiais que requerem alterações significativas no sistema operacional das aplicações do usuário. A paravirtualização tenta reduzir a sobrecarga de virtualização e assim melhorar o desempenho, alterando apenas o kernel do sistema operacional convidado.

Os sistemas operacionais convidados são para-virtualizados. Eles são suportados por um compilador inteligente para substituir os comandos não-virtualisáveis do sistema operacional por hipercalls. Quanto menor o número de anéis, maiores os privilégios dos comandos a serem executados. O sistema operacional é responsável pela gestão do hardware e das instruções privilegiadas que são executadas no anel 0, enquanto que as aplicações ao nível do utilizador são executadas no anel 3.

O melhor exemplo de paravirtualização é a **KVM**

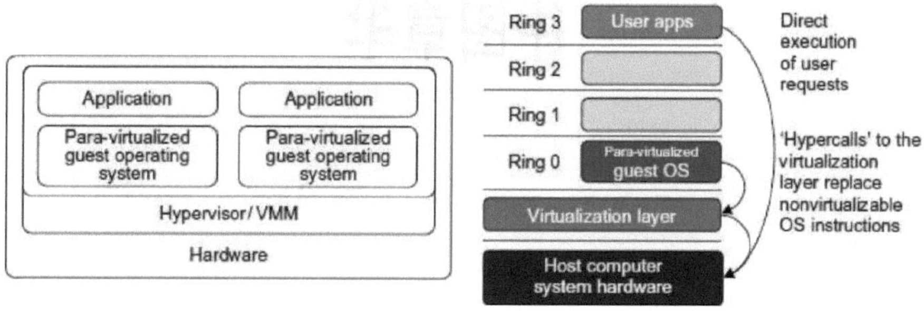

Arquitetura paravirtualisada de VM

VIRTUALIZAÇÃO DE CPU, MEMÓRIA E DISPOSITIVOS I/O

Para suportar a virtualização, processadores como o processador x86 utilizam um modo de operação especial e instruções chamadas de virtualização assistida por hardware. Desta forma, o VMM e o sistema operacional convidado funcionam em diferentes modos, e todas as instruções sensíveis do sistema operacional convidado e suas aplicações ficam presas no VMM. Para salvar o processador, a mudança de modo é feita por hardware.

Os modernos sistemas operacionais e processadores permitem a execução simultânea de vários processos. Se não houver um mecanismo de proteção em um processador, todas as instruções de diferentes processos acessam diretamente o hardware e causam uma falha no sistema. Portanto, todos os processadores têm pelo menos dois modos, modo usuário e modo supervisor, para garantir o acesso controlado ao hardware crítico. Os comandos que funcionam em modo supervisor são chamados de comandos privilegiados. Outros comandos são comandos desprivilegiados. Em um ambiente virtualizado, é mais difícil executar corretamente sistemas operacionais e aplicações porque há mais camadas na pilha de máquinas. A VMware
Workstation é um pacote de software VM para computadores x86 e x86-64. Este
os usuários podem configurar vários sistemas x86 e x86-64 virtuais.
computador e para usar um ou mais destes VMs simultaneamente com o
sistema operativo anfitrião. A estação de trabalho VMware assume o controle do host
Virtualização. Xen é um hipervisor para uso em hospedeiros IA-32, x86-64, Itanium e PowerPC 970.

virtualização da CPU

Uma VM é uma duplicata de um sistema de computador existente onde a maioria das instruções da VM são executadas no processador do host em modo nativo. Assim, as instruções sem privilégios dos VMs são executadas diretamente no computador host, o que aumenta a eficiência. Outras instruções críticas devem ser tratadas com cuidado para que sejam correctas e estáveis. Os comandos críticos estão divididos em três categorias: comandos privilegiados, comandos sensíveis ao controle e comandos sensíveis ao comportamento. Os comandos privilegiados são executados em modo privilegiado e são capturados se executados fora deste modo. Os comandos sensíveis ao controlo tentam alterar a configuração dos recursos utilizados. As instruções sensíveis ao comportamento comportam-se de forma diferente dependendo da configuração dos recursos, incluindo as operações de carga e armazenamento em memória virtual. Uma arquitetura de CPU é virtualizável se ela fornecer a capacidade de executar as instruções privilegiadas e desprivilegiadas da VM no modo usuário da CPU enquanto a VMM estiver rodando em modo supervisor.

Virtualização do armazenamento

A virtualização da memória virtual é semelhante ao suporte da memória virtual pelos sistemas operacionais modernos. Em um ambiente de execução tradicional, o sistema operacional gerencia mapeamentos de memória virtual para a memória da máquina usando tabelas de páginas, que são mapeamentos de memória virtual de um nível para a memória da máquina. Todas as CPUs x86 modernas têm uma Unidade de Gerenciamento de Memória (MMU) e um buffer de tradução (TLB) para otimizar o desempenho da memória virtual. Entretanto, em um ambiente de execução virtual, a virtualização da memória virtual envolve compartilhar a memória física do sistema na RAM e alocá-la dinamicamente para a memória física dos VMs. O sistema operacional convidado e o VMM devem manter um processo de alocação em duas etapas: memória virtual para a memória física e memória física para a memória da máquina. O sistema operacional convidado ainda controla o mapeamento dos endereços virtuais para os endereços da memória física das VMs. No entanto, o sistema operacional convidado não pode acessar diretamente o armazenamento da máquina real.

O VMM é responsável por mapear a memória física do convidado para a memória real da máquina.

Virtualização de E/S

A virtualização de E/S envolve a gestão do encaminhamento de pedidos de E/S entre dispositivos virtuais e

Todas as funções de um dispositivo ou infra-estrutura de ônibus, como enumeração de dispositivos, identificação, interrupções e DMA, são replicadas em software. Este software reside no VMM e comporta-se como um dispositivo virtual. As solicitações de acesso de E/S do sistema operacional convidado são interceptadas no VMM, que interage com os dispositivos de E/S. Um único dispositivo de hardware pode ser compartilhado por várias VMs rodando simultaneamente.

AGRUPAMENTO VIRTUAL E ADMINISTRAÇÃO DE RECURSOS

Um cluster físico é um conjunto de servidores (máquinas físicas) que estão conectados uns aos outros através de uma rede física, como uma LAN.

Os clusters virtuais são formados a partir de VMs instaladas em servidores distribuídos de um ou mais clusters físicos.

Os VMs em um cluster virtual estão logicamente conectados entre si por uma rede virtual através de várias redes físicas

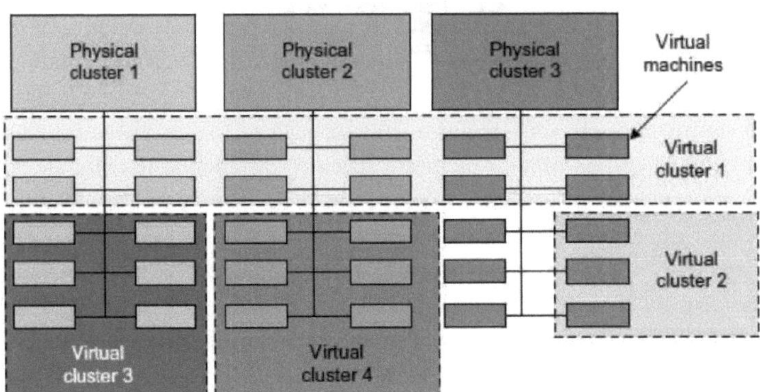

Uma plataforma de nuvem com quatro clusters virtuais em três clusters físicos

Núcleos do processador físico versus virtual

Núcleos físicos	**Núcleos virtuais**
Os núcleos físicos realmente presentes no processador	Pode haver mais núcleos virtuais visíveis em um único sistema operacional do que núcleos físicos.
Mais esforço para que o software escreva aplicativos que possam rodar diretamente nos núcleos.	O design do software torna-se mais fácil à medida que o hardware suporta o software no uso dinâmico dos recursos.
O hardware não fornece suporte para o software e, portanto, é mais simples	O hardware suporta o software e é, portanto, mais complexo.
Má gestão dos recursos	Melhor gestão de recursos
O nível mais baixo do software do sistema deve ser alterado.	O nível mais baixo do software do sistema não precisa de ser alterado.

VIRTUALIZAÇÃO PARA AUTOMAÇÃO DE DATA CENTERS

A automação de centros de dados significa que enormes quantidades de recursos de hardware, software e banco de dados nestes centros de dados podem ser alocados dinamicamente a milhões de usuários de Internet simultaneamente, com garantia de qualidade de serviço e eficiência de custos. Este processo de automação é desencadeado pelo crescimento dos produtos de virtualização e dos serviços de computação em nuvem. A virtualização aumenta a mobilidade, reduz o tempo de paragem previsto (para manutenção) e aumenta o número de clientes virtuais.

O mais recente desenvolvimento em virtualização mostra alta disponibilidade (HA), serviços de backup, balanceamento de carga de trabalho e um aumento adicional na base de clientes

Consolidação de servidores em centros de dados

Nos centros de dados, um grande número de cargas de trabalho heterogêneas pode estar rodando em servidores em momentos diferentes. Estas cargas de trabalho heterogéneas podem ser divididas em duas categorias: cargas de trabalho chatty e cargas de trabalho non-interactive. Cargas de trabalho tagarelas podem entrar em erupção em um ponto no tempo e retornar a um estado quiescente em outro momento. Um exemplo disso é um serviço de vídeo web que é usado por muitas pessoas à noite e poucas pessoas durante o dia. As cargas de trabalho não-interactivas não exigem que as pessoas façam qualquer esforço para progredir após terem sido submetidas. Computação de alto desempenho é um caso em questão. Em diferentes fases, as necessidades de recursos destas cargas de trabalho diferem drasticamente. No entanto, para garantir que uma carga de trabalho seja sempre capaz de lidar com todos os níveis de demanda, recursos suficientes são estaticamente alocados à carga de trabalho para que o pico de demanda seja atendido

Como resultado, a maioria dos servidores dos centros de dados são subutilizados. Grande parte do hardware, espaço, energia e custos de gestão para estes servidores são desperdiçados. A consolidação de servidores é uma abordagem para melhorar a baixa utilização dos recursos de hardware através da redução do número de servidores físicos. Entre as várias técnicas de consolidação de servidores, como a consolidação centralizada e física, a consolidação de servidores baseada na virtualização é a mais poderosa. Os centros de dados precisam otimizar sua gestão de recursos porque o uso de VMs aumenta a complexidade da gestão de recursos. Isto representa um desafio quando se trata de melhorar a utilização dos recursos e garantir a QoS nos centros de dados.

Vantagens

- A consolidação melhora a utilização do hardware. Muitos servidores subutilizados são consolidados em menos servidores para melhorar a utilização dos recursos. A consolidação também facilita os serviços de backup e recuperação de desastres.

- Esta abordagem permite um fornecimento e utilização de recursos mais flexíveis. Em um virtual
as imagens dos sistemas operacionais convidados e suas aplicações podem ser facilmente clonadas e
reutilizado.

- O custo total de propriedade é reduzido. Neste sentido, a virtualização do servidor traz um adiamento
Aquisição de novos servidores, menor necessidade de espaço no centro de dados, menores custos de manutenção, e
menores requisitos de alimentação de energia, resfriamento e cabeamento.

- Esta abordagem melhora a disponibilidade e a continuidade do negócio. A falha de um sistema operacional convidado não afeta o sistema operacional hospedeiro ou qualquer outro sistema operacional convidado. Torna-se mais fácil transferir uma VM de um servidor para outro porque os servidores virtuais não conhecem o hardware subjacente.

Para automatizar as operações dos centros de dados, devem ser considerados o planeamento de recursos, o apoio à arquitectura, a gestão de energia, a automatização ou a automatização dos centros de dados e os p e r f o r m a ç ã o d e l o s p e r f o r m a ç ã o a l i t i c m o d e l o s.

REFERÊNCIAS

1. Cloud Computing : A Practical Approach, Anthony T.Velte, Toby J.Velte, Robert Elsenpete r, Tata McGraw Hill, rp2011.
2. Enterprise Cloud Computing, Gautam Shroff, Cambridge University Press, 2 010.
3. Cloud Computing: Principles and Paradigms by Rajkuma r Buyya, Wiley, 2 011.
4. Distributed and Cloud Computing, Kai Hwang, Geoffrey C. Fox,Jack J.Donnagar r a,Elsevier,2012.
5. "Cloud Computing: SaaS, PaaS, laaS, virtualização, modelos de negócio, móvel, segurança e muito mais" por Kris Jamsa.
6. "Cloud Security: A Comprehensive Guide to Secure Cloud Computing" por Ronald L Krutz e Russell Dean Vines
7. "Cloud Computing", de Nayan B Ruparelia.
8. "Cloud Computing: Conceitos, Tecnologia e Arquitetura" de Thomas Erl e Ricardo Puttini.
9. "Cyber Law - Indian And International Perspectives On Key Topics Including Data Security, E-Commerce, Cloud Computing And Cyber Crimes" por Aparna Viswanathan
10. "Crimes do Futuro: O Interior do Metro Digital e a Batalha pelo Nosso Mundo Conectado" por Marc Goodman

INDICE

Printed by Books on Demand GmbH, Norderstedt / Germany